L'INFORMATION ESSENTIELLE

DANS CHAQUE CHAPITRE FIGURE UN PETIT TEXTE QUI SE DÉTACHE EN MAJUSCULES, ET QUI SOULIGNE UNE IDÉE EN FOURNISSANT UNE INFORMATION IMPORTANTE POUR LA COMPRÉHENSION DU CHAPITRE; IL SERT AUSSI D'INTRODUCTION AUX LÉGENDES DES IMAGES SITUÉES SUR LA DOUBLE PAGE.

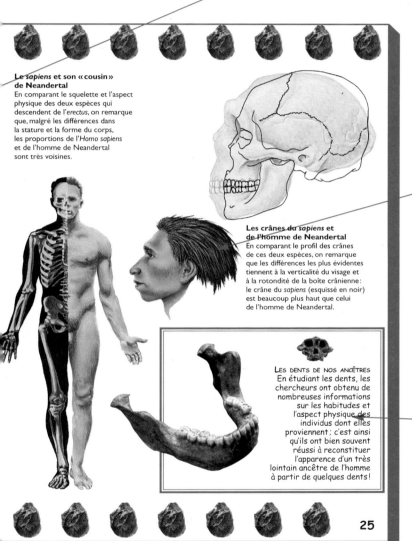

Le *sapiens* et son « cousin » de Neandertal
En comparant le squelette et l'aspect physique des deux espèces qui descendent de l'*erectus*, on remarque que, malgré les différences dans la stature et la forme du corps, les proportions de l'*Homo sapiens* et de l'homme de Neandertal sont très voisines.

Les crânes du *sapiens* et de l'homme de Neandertal
En comparant le profil des crânes de ces deux espèces, on remarque que les différences les plus évidentes tiennent à la verticalité du visage et à la rotondité de la boîte crânienne: le crâne du *sapiens* (esquissé en noir) est beaucoup plus haut que celui de l'homme de Neandertal.

LES DENTS DE NOS ANCÊTRES
En étudiant les dents, les chercheurs ont obtenu de nombreuses informations sur les habitudes et l'aspect physique des individus dont elles proviennent; c'est ainsi qu'ils ont bien souvent réussi à reconstituer l'apparence d'un très lointain ancêtre de l'homme à partir de quelques dents!

LES ÉPISODES

Dans chaque chapitre un ou plusieurs dessins en couleurs, ainsi que des reproductions photographiques illustrent l'aspect physique et le mode de vie des hommes préhistoriques, les outils qu'ils ont fabriqués et utilisés, et les œuvres d'art qu'ils ont produites.

UNE PETITE HISTOIRE

Placée dans un encadré en couleur et signalée par le dessin du crâne d'un hominidé, une petite histoire ajoute une information en rapport avec le sujet principal de la double page.

L'ÉVOLUTION DE L'HOMME

la gerboise

DoGi

Une production DoGi spa,
Florence, Italie

Titre original
L'Evoluzione dell'uomo
Texte de
Guia de Martino Norante
Illustrations de
Gian Paolo Faleschini, Giacinto
Gaudenzi, Francesco Petracchi
Éditeur Francesco Milo
Maquette
Sebastiano Ranchetti
Mise en page
Sebastiano Ranchetti

POUR L'ÉDITION FRANÇAISE
Réalisation : Atelier Gérard-Finel
Mise en page : Lambda-Barre
Traduction/adaptation :
Sylvie Girard

© 2000 par DoGi spa, Italie
© 2000 La Biblioteca editrice srl
© 2000 ML Éditions pour l'édition
française

ISBN 2-7434-1604-1
Imprimé en Italie

RÉFÉRENCES DES ILLUSTRATIONS

Les illustrations contenues dans cet ouvrage
ont été conçues et réalisées par DoGi spa,
qui en possède les droits.
Abréviations : h, en haut ; b, en bas ; c, au centre ;
d, à droite ; g : à gauche.

Dessins
Archivio DoGi 30-31, 37bd, 39hg ; Alessandro
Bartolozzi 28-29 ; Simone Boni : 34-35 ; Studio
Boni-Pieri-Critone : 26-27, 29b, 36bg ; Studio Caba :
36-37 ; Luciano Crovato e Gianni Mazzoleni : 12hg,
12c, 13hg ; Gian Paolo Faleschini : 7c, 11, 13bd, 15b,
24cd, 25cg, 25cd, 27hd, 34h, 35h, 39bd, 39cg ;
Giuliano Fornari : 23bd ; Giacinto Gaudenzi 8d, 9bd,
16b, 18-19, 26, 27hg, 32-33, 39bg, 40-41 ; Inklink,
Firenze : 18, 22, 28h, 28c, 29h, 29c ; Alessandra
Micheletti : 22 ; Laura Ottina : 14-15b ; Raimondo
Pasin : 6h, 6b, 20-21 ; Francesco Petracchi : 8b, 9h, 9c,
9bg, 14-15c, 15h, 17h, 21, 25hd, 31hd ; Claudia
Saraceni : 7h, 12hd, 12bd, 13hd, 13bg, 16-17, 22-23 ;
Daniela Sarcina : 7b, 19d ; Giacomo Soriani : 15h ;
Ivan Stalio : 37hd

Photographies et documents
L'éditeur s'est efforcé de retrouver tous les ayants
droit. Il présente ses excuses pour les erreurs
ou les oublis éventuels et sera heureux d'apporter
les corrections nécessaires dans les éditions
ultérieures de cet ouvrage.

Archivio DoGi : 11, 12bg, 21hg, 25bd, 33h, 39hd,
41hd ; Collection Phototèque du musée de
l'Homme/Paris/D. Destable : 32bd ; Farabolafoto,
Milano/Overseas/J. C. Revy : 31 ; Farabolafoto,
Milano : 30 ; The Image Bank, Roma/Guido Alberto
Rossi : 28bc ; The Image Bank, Roma/L.D. Gordon :
33b ; The Image Bank, Roma/Harald Sund : 28bd ;
Naturhistorisches Museum, Vienna : 32bg ;
Sebastiano Ranchetti : 28bg ; The Stock
Market/Toma Van Sant/The Geosphere Project : 9h ;
The Wildlife collection, New York/Martin
Harvey : 10

Copertina : Giacinto Gaudenzi, Archivio DoGi
Frontespizio : Gian Paolo Faleschini
Sguardia : Studio Inklink, Firenze

SOMMAIRE

THÈMES

ON A RETROUVÉ EN ÉTHIOPIE LES RESTES D'UN HOMINIDÉ TRÈS ANCIEN QUE LES SAVANTS ONT APPELÉ ARDIPITHECUS RAMIDUS. CETTE DÉCOUVERTE A PERMIS DE PROUVER QU'IL EXISTAIT, IL Y A CINQ MILLIONS D'ANNÉES, DES ANIMAUX ENCORE TRÈS VOISINS DU CHIMPANZÉ, MAIS QUI SONT POURTANT CLASSÉS PARMI NOS PARENTS DIRECTS.

Le proconsul
Le proconsul, qui a vécu il y a 20 millions d'années, pourrait être l'ancêtre que notre espèce partage avec les grands singes anthropomorphes. Il se déplaçait à quatre pattes, montait dans les arbres et se suspendait aux branches.

À LA RECHERCHE DE NOS ANCÊTRES

Comment a-t-on reconstitué la longue histoire de nos ancêtres? Ils ont laissé des traces – des ossements, des empreintes, des outils – que les savants ont rassemblées et étudiées à partir de la fin du XIXᵉ siècle. C'est ainsi que l'on a pu parcourir le chemin fascinant de l'évolution de l'homme, au cours de laquelle les savants ont mis en lumière trois moments significatifs: la période des australopithèques (depuis il y a 4 millions d'années jusqu'à il y a 1 million d'années); la période de l'évolution du genre Homo (depuis il y a 2,5 millions d'années jusqu'à environ – 30 000 ans); et enfin l'ère de l'Homo sapiens, qui commence il y a 100 000 ans et va jusqu'à aujourd'hui.

Le *Purgatorius*
Ce petit mammifère, qui a vécu il y a 70 millions d'années, est notre ancêtre le plus lointain découvert jusqu'à ce jour. C'est de lui que descendent les Primates, auxquels appartient également notre espèce. Le *Purgatorius* vivait dans les arbres, dont il mangeait les feuilles et les écorces; il était essentiellement nocturne.

L'évolution

Les premiers hominidés qui appartiennent avec certitude à l'évolution de notre espèce sont les australopithèques, parmi lesquels plusieurs types ont été identifiés. Dans le genre *Homo* qui leur a succédé, on a également déterminé différentes espèces, la dernière d'entre elles étant l'*Homo sapiens sapiens*, espèce à laquelle nous appartenons.

Homo sapiens sapiens
De – 100 000 à aujourd'hui

Homo sapiens neandertalensis
De – 200 000 à – 30 000 ans

Homo sapiens
De – 500 000 à – 300 000 ans

Homo erectus
De – 1,6 million d'années à – 250 000 ans

Homo habilis
De – 2,5 à – 1,5 millions d'années

Australopithecus boisei
De – 2 à – 1,2 millions d'années

Australopithecus africanus
De – 3 à – 2,3 millions d'années

Australopithecus afarensis
De – 3,6 à – 3 millions d'années

Le *Rhamapithecus*

Ayant vécu à une période qui se situe entre – 17 et – 7 millions d'années, il a longtemps été considéré comme l'un de nos plus lointains ancêtres. Diverses études ont finalement exclu cette hypothèse : selon toute vraisemblance, le *Rhamapithecus* est un parent de l'actuel orang-outan.

LA THÉORIE DE DARWIN
Dans *De l'origine des espèces par voie de sélection naturelle*, publié en 1859, le savant anglais défendit la thèse selon laquelle l'homme a un ancêtre commun avec le singe, et détermina l'Afrique comme le lieu d'origine de l'homme.

L'HOMME COMMENCE SON CHEMIN

L'acquisition de la position debout, et donc de la posture bipède, a été le passage décisif qui a conduit l'homme à se différencier des grands singes. Parmi les nombreuses hypothèses qui ont été formulées pour expliquer la naissance de la bipédie, il faut citer celle qui établit un lien entre cette étape de l'évolution et la formation de la Rift Valley, en Afrique orientale. En effet la formation de cette crevasse longitudinale a laissé à l'ouest les grandes forêts où s'est développée la ligne évolutive des singes anthropomorphes ; à l'est en revanche, cette fracture a entraîné un changement radical du climat, qui s'est traduit par la formation de grandes savanes où s'est développée la ligne évolutive de l'homme proprement dit. Il est en effet raisonnable de penser que, dans ses immenses étendues de broussailles presque entièrement privées d'arbres, la sélection naturelle a favorisé les individus capables de se tenir debout, capables par conséquent de repérer les proies de loin et de fuir les prédateurs sitôt aperçus.

L'HOMME, SES ANCÊTRES ET LES GRANDS SINGES ANTHROPOMORPHES D'AFRIQUE – LES ESPÈCES LES PLUS PROCHES DE LUI – APPARTIENNENT À L'ORDRE DES PRIMATES. CET ORDRE A ÉTÉ AINSI DÉNOMMÉ PAR LE SAVANT SUÉDOIS LINNÉ EN 1758 PARCE QU'IL EST CELUI DES MAMMIFÈRES LE PLUS ÉVOLUÉS.

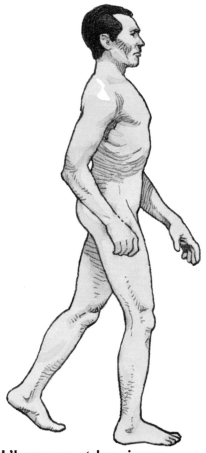

L'homme et les singes anthropomorphes
Malgré leurs origines communes, il existe de nombreuses différences entre le corps de l'homme et celui des singes anthropomorphes ; la majorité de ces différences est liée à la posture debout, adoptée par les êtres humains.

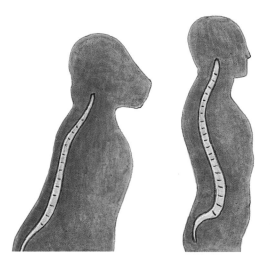

La colonne vertébrale
La colonne vertébrale des singes anthropomorphes est presque droite, alors que celle de l'homme présente une double courbe qui la rend plus souple et capable de mieux résister aux mouvements liés à la station bipède.

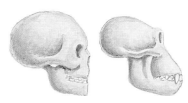

Le crâne

Sa colonne vertébrale particulièrement solide permet à l'homme de porter une tête plus lourde, entraînant le développement d'un cerveau plus volumineux.

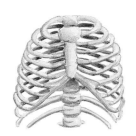

La Rift Valley

Cette dépression s'étend sur 5 000 kilomètres entre la Syrie et le Mozambique. Elle s'est formée à la suite d'une fracture de la croûte terrestre il y a 30 millions d'années. La lente progression de cette fracture se traduira, dans des dizaines de millions d'années, par une rupture de la région somalienne, laquelle deviendra une île.

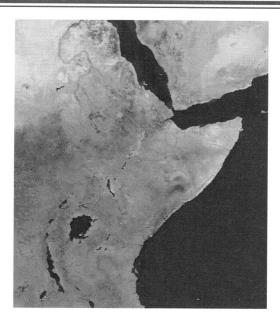

La cage thoracique

L'utilisation des bras dans la locomotion est responsable de la forme en entonnoir renversé que prend la cage thoracique chez les singes anthropomorphes.

Les jambes

L'homme possède des fémurs plus longs et plus gros que ceux des singes anthropomorphes, car, en marchant sur ses jambes, il les soumet à des efforts plus intenses.

Le bassin

Lorsque seuls les membres postérieurs servent à se déplacer, le bassin devient plus court et plus large, afin de supporter tout le poids du corps.

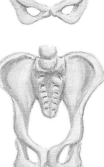

Le gros orteil

Chez les singes anthropomorphes, le gros orteil s'oppose aux autres doigts du pied pour leur permettre de se suspendre aux branches ; chez l'homme en revanche, il est réuni aux autres doigts pour favoriser la poussée du pied dans la locomotion.

LES AUSTRALOPITHÈQUES

À quoi ressemblaient les australo-pithèques ? D'après les fossiles retrouvés, nous savons qu'ils avaient un crâne de petite taille, une face simiesque, des pommettes très marquées et des arcades sourcilières presque horizontales. Leur corps était velu, d'une taille réduite, parfois trapu et massif. Les femelles étaient encore plus petites que les mâles, avec de grosses mamelles pour allaiter leurs petits. La denture de ces individus indique qu'ils étaient essentiel lement végétariens ; ils passaient probable-ment leur temps à cueillir des baies et des fruits ou à ramasser des racines dont ils se nourrissaient, même s'il leur arrivait de temps à autre de nettoyer les carcasses des animaux abandonnés par les prédateurs.

LES HOMINIDÉS LES PLUS ANCIENS ONT ÉTÉ CLASSÉS COMME APPARTENANT AU GENRE AUSTRALOPITHECUS PARCE QU'ILS ONT ÉTÉ RETROUVÉS DANS CERTAINS SITES DE L'AFRIQUE DU SUD, QUE L'ON APPELLE AUSSI AFRIQUE AUSTRALE. CES INDIVIDUS APPARUS IL Y A ENVIRON 4 MILLIONS D'ANNÉES SONT CONSIDÉRÉS PAR LES SAVANTS COMME LES PREMIERS CHAÎNONS DE LA LIGNÉE HUMAINE.

Les prédateurs des hominidés
Les félins de la savane – lions, léopards, guépards –, ainsi que les grands aigles couronnés, constituaient les prédateurs les plus redoutables des australopithèques. Les hyènes et les chacals se nourrissaient également des restes de ces hominidés chassés par les grands prédateurs.

Les empreintes de Laetoli
Ces traces évocatrices, découvertes en 1978 à Laetoli, en Tanzanie, sont des empreintes laissées par deux ou trois hominidés qui marchaient sur les cendres rejetées peu auparavant par un volcan tout proche. Cette découverte est la preuve que nos ancêtres, il y a 3,5 millions d'années, marchaient déjà à peu près comme nous.

La vie des australopithèques
Nos ancêtres les plus anciens vivaient en groupes, tantôt sur le sol, tantôt dans les arbres où ils trouvaient de la nourriture et un refuge pour la nuit.

OÙ SONT APPARUS LES PREMIERS HOMINIDÉS ?

C'est en Éthiopie, dans une zone appelée le « triangle d'Afar », qu'on a trouvé les gisements les plus riches de fossiles d'hominidés; en effet, pendant la formation de la Rift Valley, les fréquentes éruptions volcaniques ont recouvert d'une épaisse couche de cendres, transformée ensuite en roche, les restes de nos ancêtres, ce qui a permis de les conserver en bon état. Et c'est dans cette région, en 1974, qu'on a mis au jour le squelette de Lucy, répertoriée comme Australopithecus afarensis, et qui remonte à il y a environ 3,2 millions d'années. Il s'agit de l'australopithèque le plus ancien, le plus complet et le mieux conservé que l'on ait découvert jusqu'à aujourd'hui.

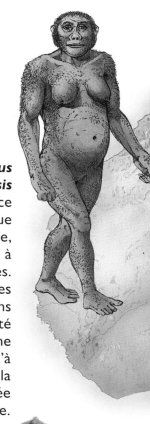

Australopithecus afarensis
Cette espèce d'australopithèque est la plus ancienne, ayant vécu de − 3,6 à − 3 millions d'années. De nombreux restes de ces anciens hominidés ont été retrouvés dans la zone de Hadar, tandis qu'à Laetoli on a exhumé la première trace laissée par un bipède.

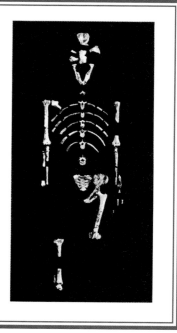

QUI ÉTAIT LUCY ?
L'étude de ses os révèle que Lucy était une femme d'environ 20 ans, haute d'à peine plus de 1,20 m, d'un poids de 25 kg environ; son cerveau avait la taille d'une orange et les traits de son visage étaient nettement simiesques. Sa posture était certainement verticale, même si ses bras étaient encore très longs.

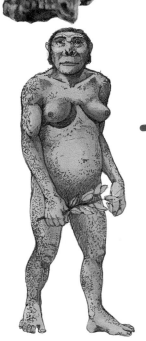

Australopithecus robustus
Cette espèce retrouvée en Afrique du Sud est contemporaine de la « boisei » et semblable à cette dernière dans la conformation du corps; on ne sait pas si cette étonnante ressemblance est due à l'adaptation au même type d'environnement ou à une migration d'une des deux espèces.

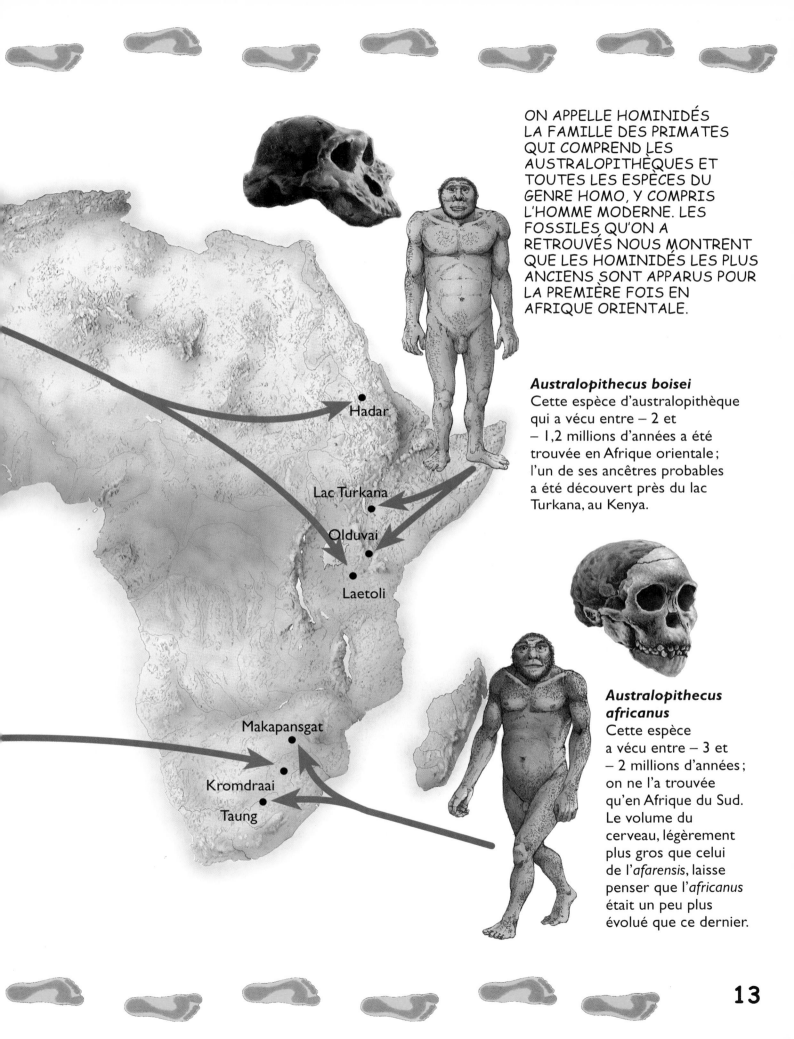

ON APPELLE HOMINIDÉS LA FAMILLE DES PRIMATES QUI COMPREND LES AUSTRALOPITHÈQUES ET TOUTES LES ESPÈCES DU GENRE HOMO, Y COMPRIS L'HOMME MODERNE. LES FOSSILES QU'ON A RETROUVÉS NOUS MONTRENT QUE LES HOMINIDÉS LES PLUS ANCIENS SONT APPARUS POUR LA PREMIÈRE FOIS EN AFRIQUE ORIENTALE.

Australopithecus boisei

Cette espèce d'australopithèque qui a vécu entre − 2 et − 1,2 millions d'années a été trouvée en Afrique orientale ; l'un de ses ancêtres probables a été découvert près du lac Turkana, au Kenya.

Australopithecus africanus

Cette espèce a vécu entre − 3 et − 2 millions d'années ; on ne l'a trouvée qu'en Afrique du Sud. Le volume du cerveau, légèrement plus gros que celui de l'*afarensis*, laisse penser que l'*africanus* était un peu plus évolué que ce dernier.

Hadar

Lac Turkana

Olduvai

Laetoli

Makapansgat

Kromdraai

Taung

LE PASSAGE AU GENRE *HOMO*

Certains fossiles, qui remontent à la même période que celle où a vécu l'*Australopithecus africanus*, témoignent de l'apparition d'un hominidé plus évolué que ce dernier : l'*Homo habilis*. Le volume occupé par son cerveau est une fois et demie plus gros que celui des australopithèques. Cette évolution se traduit par l'acquisition de capacités manuelles plus importantes. L'*Homo habilis* apprend en effet à tailler les pierres, qu'il utilise comme outils pour découper les chairs et les peaux des carcasses d'animaux, pour casser les os de ces derniers et en sucer la moelle. Sa denture témoigne de ce passage d'une alimentation de type exclusivement végétarien à un régime omnivore : en effet, s'il n'a pas encore commencé à chasser, il est désormais en mesure de se nourrir des animaux qui ont été tués par leurs prédateurs naturels.

DANS LES GORGES D'OLDUVAI, DANS LE NORD DE LA TANZANIE, ONT ÉTÉ RETROUVÉS LES PREMIERS VESTIGES FOSSILES D'HOMO HABILIS, AINSI APPELÉ, PARCE QU'ON A EXHUMÉ AVEC EUX DIVERS OUTILS PRIMITIFS QUI TÉMOIGNENT D'UNE CERTAINE HABILETÉ DANS LE TRAVAIL DE LA PIERRE. CES INDIVIDUS SONT LES PREMIERS REPRÉSENTANTS DU GENRE HOMO.

L'évolution du cerveau
L'évolution du genre *Homo* est caractérisée par l'augmentation du volume du cerveau. Cette variation progressive s'accompagne d'un perfectionnement des capacités de compréhension ; l'homme de Neandertal, dont le cerveau est plus grand que celui de l'*Homo sapiens*, constitue une exception dans la mesure où la masse de son crâne est plus importante.

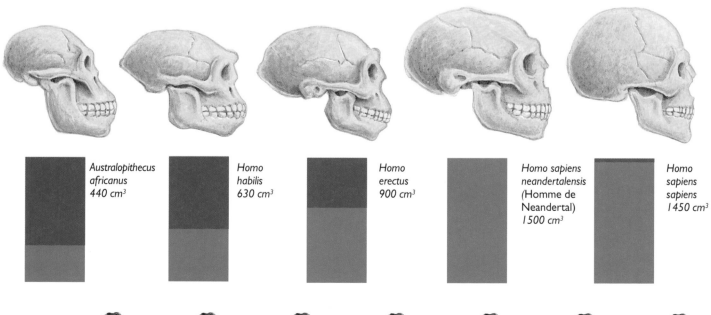

Australopithecus africanus 440 cm³ — Homo habilis 630 cm³ — Homo erectus 900 cm³ — Homo sapiens neandertalensis (Homme de Neandertal) 1500 cm³ — Homo sapiens sapiens 1450 cm³

Homo habilis

Les individus appartenant à l'espèce *Homo habilis* (qui ont vécu entre − 2,5 et − 1,5 millions d'années) avaient un aspect physique très voisin de celui des australopithèques, mais ils tenaient leur tête plus droite, leurs bras étaient plus courts et leurs jambes plus longues.

Les variations de l'intestin

Dans l'évolution de l'homme, l'augmentation de la taille du cerveau s'est accompagnée d'une diminution de la longueur de l'intestin. En effet, possédant un cerveau plus évolué, l'homme a été capable de rechercher une nourriture plus nourrissante et plus digeste, de sorte qu'un intestin plus court était suffisant.

LE CHOPPER

Les premiers outils qui apparaissent dans l'évolution de l'homme sont les choppers confectionnés par l'Homo habilis. Il s'agit de simples pierres ou cailloux, taillés sur un côté en donnant quelques coups au moyen de pierres plus grosses. Cette technique de travail de la pierre est restée inchangée pendant des centaines de milliers d'années.

HOMO ERECTUS

Il y a 1,6 million d'années, l'*Homo erectus*, dont l'aspect physique n'est pas très éloigné du nôtre, fait son apparition en Afrique orientale. D'après de nombreux vestiges trouvés en Afrique, en Asie et en Europe, les savants ont établi qu'il avait une taille moyenne de 1,70 m, un volume cérébral compris entre 800 et 1 200 cm^3, et surtout qu'il avait la capacité de communiquer par la parole. Ce dernier élément a profondément modifié les habitudes sociales de nos ancêtres : en effet le langage, même rudimentaire, augmente la cohésion du groupe et permet la transmission de l'expérience. L'*Homo erectus* commence à vivre en tribus nomades qui se consacrent à la chasse et à la cueillette ; il utilise le feu pour se chauffer, pour tenir les prédateurs à l'écart et pour cuire la viande, de sorte que le foyer devient le point de rassemblement de la tribu.

EN 1891, ON A DÉCOUVERT À JAVA QUELQUES RESTES FOSSILES D'UN HOMINIDÉ QUI FUT BAPTISÉ DU NOM DE *PITHECANTHROPUS ERECTUS*. C'EST PAR ERREUR QUE SON DÉCOUVREUR LE CONSIDÉRA COMME LE CHAÎNON MANQUANT ENTRE L'HOMME ET LE SINGE. IL FUT REBAPTISÉ PAR LA SUITE *HOMO ERECTUS*.

LA DÉCOUVERTE DU FEU
Nos ancêtres connaissaient le feu, à cause des incendies et des éruptions volcaniques. C'est sans doute l'*Homo erectus*, doté de plus d'intelligence que ses prédécesseurs, qui a eu l'idée d'utiliser des tisons ardents trouvés dans la nature ; puis, avec des outils adaptés, il a réussi à produire du feu.

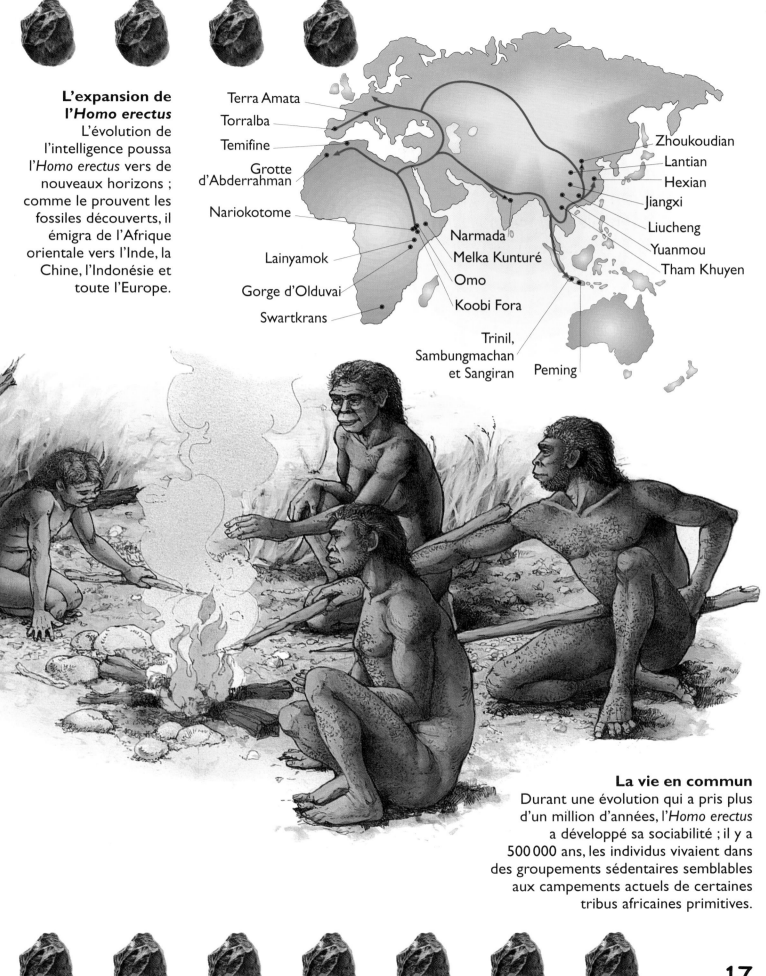

L'expansion de l'*Homo erectus*
L'évolution de l'intelligence poussa l'*Homo erectus* vers de nouveaux horizons ; comme le prouvent les fossiles découverts, il émigra de l'Afrique orientale vers l'Inde, la Chine, l'Indonésie et toute l'Europe.

Terra Amata
Torralba
Temifine
Grotte d'Abderrahman
Nariokotome
Lainyamok
Gorge d'Olduvai
Swartkrans
Narmada
Melka Kunturé
Omo
Koobi Fora
Trinil, Sambungmachan et Sangiran
Peming
Zhoukoudian
Lantian
Hexian
Jiangxi
Liucheng
Yuanmou
Tham Khuyen

La vie en commun
Durant une évolution qui a pris plus d'un million d'années, l'*Homo erectus* a développé sa sociabilité ; il y a 500 000 ans, les individus vivaient dans des groupements sédentaires semblables aux campements actuels de certaines tribus africaines primitives.

17

L'HOMME DEVIENT CHASSEUR

Les nombreuses découvertes de fossiles prouvent que l'*Homo erectus* était un chasseur habile et que ses proies étaient variées. Mais quelles méthodes utilisait ce chasseur primitif ? Les stratégies variaient selon la taille de la proie : les lièvres étaient sans doute attrapés avec les mains par un seul individu, alors que les animaux plus gros nécessitaient l'intervention de plusieurs hommes qui se réunissaient pour organiser une véritable battue. L'animal était poursuivi pendant des jours et c'est l'épuisement qui avait raison de lui, ou bien il était précipité d'une falaise, ou encore assommé à coups de pierres, puis tué. Les *erectus* plus évolués – il y a environ 500 000 ans – avaient sans doute recours également à la méthode du piège, grâce à des fosses creusées dans la terre, puis recouvertes de branchages qui les dissimulaient à la vue du gibier.

LE DÉVELOPPEMENT DE L'INTELLIGENCE QUI CARACTÉRISE L'*HOMO ERECTUS* PAR RAPPORT À SES PRÉDÉCESSEURS LUI PERMIT DE PRATIQUER LA CHASSE D'UNE MANIÈRE SYSTÉMATIQUE.
EN EFFET, IL INVENTA DES STRATÉGIES POUR CAPTURER SES PROIES, CHOSE QUE LES HOMINIDÉS PLUS PRIMITIFS N'ÉTAIENT PAS EN MESURE DE FAIRE.

Le *Gigantopithecus*
Parmi les nombreux animaux qui vivaient au temps de l'*erectus*, on trouve en Asie orientale le plus grand primate qui ait jamais existé. Si l'on a retrouvé seulement ses dents et ses mâchoires, les savants ont pu déterminer sa taille, qui atteignait 3 mètres, et son poids, 300 kilos ; il avait l'aspect d'un gorille.

Le tigre aux dents de sabre

Ce terrible prédateur vivait en Europe du temps de l'erectus ; on a retrouvé certains de ses restes, vieux d'environ 500 000 ans. On ne connaît pas très bien les habitudes de ce carnassier, mais ses canines puissantes et effilées suggèrent qu'il enfonçait ses crocs dans le corps de ses proies jusqu'à les vider de leur sang.

Les armes de chasse

L'*Homo erectus* était en mesure de fabriquer des armes de chasse efficaces en utilisant des pierres et du bois. C'est ainsi que furent inventés les bifaces (des pierres taillées sur les deux faces), des haches à main et des lances qui leur servaient à étourdir ou à achever leurs proies.

LES PREMIERS ARTISANS

L'*Homo erectus* perfectionna le travail et la transformation des pierres. Celles-ci étaient frappées à plusieurs reprises sur les deux faces pour arriver à leur donner la forme d'une goutte; nous les appelons aujourd'hui des «haches à main». Cela peut sembler étonnant, mais nous ne savons pas encore très bien comment ces outils étaient utilisés; ce que nous savons avec certitude, en revanche, c'est que ceux-ci ont accompagné l'*Homo erectus* tout au long de son évolution. Mais les activités artisanales de cet individu ne se sont pas limitées au seul travail de la pierre. De toute évidence, le bois et l'os figurent parmi les matériaux les plus utilisés pour fabriquer toutes sortes d'outils. Néanmoins, comme il s'agit là de matériaux relativement fragiles, rares sont les objets qui sont parvenus jusqu'à nous; les exemplaires qui ont été trouvés nous font cependant penser que l'*erectus* était un artisan particulièrement habile.

L'ÂGE DE PIERRE EST LA PÉRIODE DE LA PRÉHISTOIRE DE L'HOMME CARACTÉRISÉE PAR L'UTILISATION DE LA PIERRE, DE L'OS, DE LA CORNE ET DU BOIS POUR FABRIQUER DES OUTILS ET DES ARMES. CES ACTIVITÉS, COMMENCÉES AVEC LES PREMIÈRES TENTATIVES DE L'*HOMO HABILIS*, SE SONT ENSUITE CONSIDÉRABLEMENT DÉVELOPPÉES AVEC L'APPARITION DE L'*HOMO ERECTUS*.

Les mouvements de la main
La capacité de l'*Homo erectus* à fabriquer des outils plus complexes est une conséquence directe du développement de son cerveau: les mouvements des mains deviennent plus précis, car ils sont mieux contrôlés par l'activité cérébrale, ce qui permet une plus grande efficacité dans l'exécution.

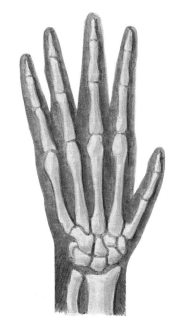

LE TRAVAIL DE L'OS

L'*erectus* se servait des os des animaux – dans le cas ci-contre, de ceux d'un mammouth – comme outils. Les plus longs étaient sans doute utilisés pour frapper, alors que les plus petits, une fois taillés, faisaient office de burins ou de poinçons.

L'évolution de la main

Au cours de son évolution, la structure de la main de l'homme a subi des changements considérables. Comme on le voit en comparant la main d'un chimpanzé (ci-dessus) avec celle d'un homme (ci-dessous), la longueur et la courbure des doigts se sont modifiées, ainsi que l'épaisseur des phalanges.

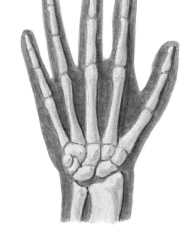

L'HOMME DE NEANDERTAL

Les très nombreux vestiges découverts au fil du temps ont permis de reconstituer assez précisément l'aspect de cet homme qui a vécu à une période située entre – 200 000 et – 30 000 ans. L'homme de Neandertal était assez petit (environ 1,50 m) et son corps était nettement plus massif et musculeux que le nôtre. Les dimensions de sa tête étaient elles aussi remarquables : le volume de son crâne était supérieur au nôtre. Que savons-nous de la vie qu'il menait ? L'homme de Neandertal était un grand chasseur comme le prouve l'abondance des restes d'animaux retrouvés dans ses cavernes ; il était également très habile pour fabriquer des armes et des instruments servant à découper la viande et à travailler les peaux. Ce qui demeure encore une énigme, c'est sa disparition brutale.

L'HOMME PRÉHISTORIQUE QUI A VÉCU PENDANT LES DERNIÈRES GLACIATIONS PREND LE NOM DU LIEU OÙ ON L'A DÉCOUVERT : NEANDERTAL, EN ALLEMAGNE, PRÈS DE DUSSELDORF. IL DESCEND DES *ERECTUS* ÉMIGRÉS EN EUROPE, MAIS IL NE FAIT PAS PARTIE DE NOS ANCÊTRES DIRECTS : EN EFFET, IL A DISPARU MYSTÉRIEUSEMENT SANS LAISSER DE DESCENDANCE IL Y A ENVIRON 30 000 ANS.

Les étendues glacées
Le nord de l'Europe était une immense steppe gelée couverte de neige et de glaciers. Le climat rigoureux contraignait l'homme de Neandertal à utiliser des peaux et des fourrures pour se protéger.

Les animaux de la toundra
Les animaux qui vivaient pendant les glaciations étaient recouverts d'épaisses fourrures et certains d'entre eux, comme l'*Ursus spaleus*, entraient en léthargie pendant l'hiver. Les hommes de Neandertal avaient des techniques efficaces pour chasser les animaux de grande taille qui habitaient avec eux dans la toundra.

Les glaciations

Dans la longue période de l'évolution de notre espèce, on enregistre cinq glaciations ; la dernière d'entre elles commença il y a environ 70 000 ans, pour prendre fin il y a 10 000 ans seulement. Ces périodes furent interrompues par des périodes chaudes que les hommes et les animaux mirent à profit pour traverser les continents.

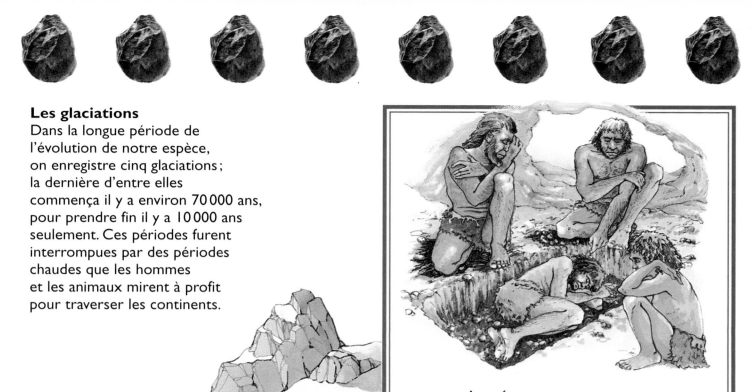

LA SÉPULTURE

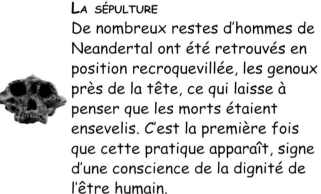

De nombreux restes d'hommes de Neandertal ont été retrouvés en position recroquevillée, les genoux près de la tête, ce qui laisse à penser que les morts étaient ensevelis. C'est la première fois que cette pratique apparaît, signe d'une conscience de la dignité de l'être humain.

Le mammouth

Cet animal énorme possédait une trompe semblable à celle des éléphants actuels, des défenses recourbées longues de plus de 4 mètres, une fourrure épaisse, ainsi que des pattes robustes et massives. L'espèce euro-asiatique, appelée *Mammuthus primigenius*, atteignait au garrot une hauteur d'environ 3,5 mètres.

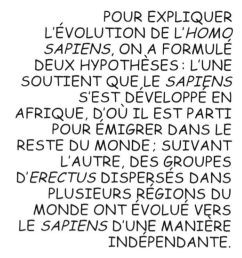

L'APPARITION DE L'*HOMO SAPIENS*

Les fossiles des premiers *sapiens*, vieux d'environ 400 000 ans, montrent des différences sensibles par rapport aux *erectus* dont nous descendons : un crâne plus développé en hauteur et plus arrondi, des arcades sourcilières moins prononcées, un visage qui prend une apparence plus frontale, l'apparition du menton et, en général, un corps plus svelte et plus élancé. Le cerveau est plus gros, mais, au début, cela ne signifie pas un grand bond dans les capacités intellectuelles, comme le prouve le fait que les premiers outils rudimentaires en pierre sont restés les mêmes jusqu'à environ – 40 000 ans. C'est à ce moment seulement que s'est produit le grand virage dans l'histoire de l'homme : le considérable développement de l'intelligence qui conduit le *sapiens* à franchir des étapes extraordinaires dans son évolution en un temps très court.

POUR EXPLIQUER L'ÉVOLUTION DE L'*HOMO SAPIENS*, ON A FORMULÉ DEUX HYPOTHÈSES : L'UNE SOUTIENT QUE LE *SAPIENS* S'EST DÉVELOPPÉ EN AFRIQUE, D'OÙ IL EST PARTI POUR ÉMIGRER DANS LE RESTE DU MONDE ; SUIVANT L'AUTRE, DES GROUPES D'*ERECTUS* DISPERSÉS DANS PLUSIEURS RÉGIONS DU MONDE ONT ÉVOLUÉ VERS LE *SAPIENS* D'UNE MANIÈRE INDÉPENDANTE.

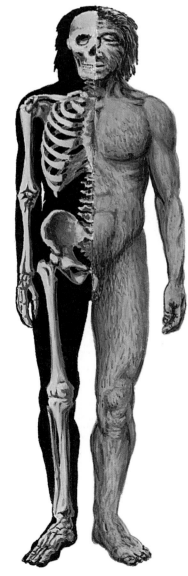

Le passage du *sapiens* à l'homme moderne

Dans l'évolution qui conduit des premiers *sapiens* à notre espèce (*Homo sapiens sapiens*), on remarque un changement de la forme de la boîte crânienne : son volume augmente jusqu'à atteindre sa valeur actuelle (environ 1 450 cm³), tandis que le prognathisme et la « visière » osseuse formée par les arcades sourcilières disparaissent.

Le *sapiens* et son « cousin » de Neandertal

En comparant le squelette et l'aspect physique des deux espèces qui descendent de l'*erectus*, on remarque que, malgré les différences dans la stature et la forme du corps, les proportions de l'*Homo sapiens* et de l'homme de Neandertal sont très voisines.

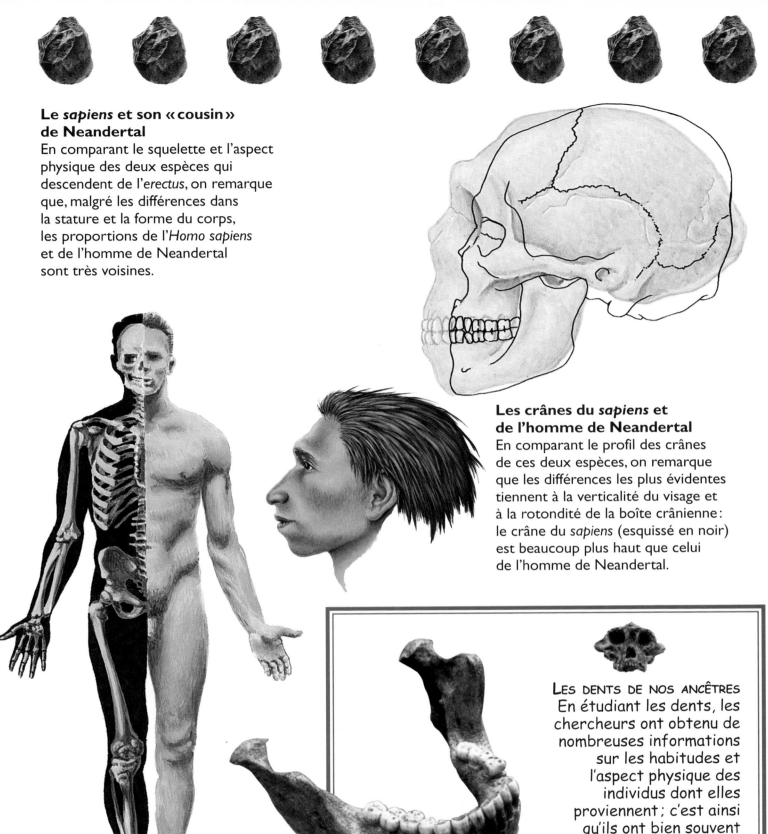

Les crânes du *sapiens* et de l'homme de Neandertal

En comparant le profil des crânes de ces deux espèces, on remarque que les différences les plus évidentes tiennent à la verticalité du visage et à la rotondité de la boîte crânienne : le crâne du *sapiens* (esquissé en noir) est beaucoup plus haut que celui de l'homme de Neandertal.

LES DENTS DE NOS ANCÊTRES

En étudiant les dents, les chercheurs ont obtenu de nombreuses informations sur les habitudes et l'aspect physique des individus dont elles proviennent ; c'est ainsi qu'ils ont bien souvent réussi à reconstituer l'apparence d'un très lointain ancêtre de l'homme à partir de quelques dents !

L'HOMO SAPIENS MODERNE

Avec l'apparition de l'*Homo sapiens* moderne (le *sapiens sapiens*) se termine le voyage à la recherche de nos ancêtres : celui-ci possédait en effet notre aspect physique et nos capacités intellectuelles. Lorsque l'évolution de la parole arrive elle aussi à son terme, on assiste à une véritable explosion culturelle : le travail de la pierre, du bois et de l'os devient raffiné, le travail des métaux commence et l'expression artistique se manifeste à travers la peinture et la sculpture. La vie sociale elle aussi évolue sensiblement : on commence à reconnaître des rôles à l'intérieur du groupe, le sens du sacré se développe et l'on accomplit des rites qui accompagnent de nombreuses activités de la vie quotidienne. Puis le sapiens sapiens, fort de ses conquêtes technologiques, ne se contente plus de ses horizons familiers : il part à la conquête du monde.

LE PREMIER REPRÉSENTANT DE L'HOMME DE CRO-MAGNON, L'HOMME MODERNE LE PLUS PRIMITIF QUI VIVAIT DANS L'EUROPE DE L'EST ET DU SUD À LA FIN DE LA PÉRIODE GLACIAIRE, FUT DÉCOUVERT EN 1868 EN DORDOGNE, DANS LE SUD-OUEST DE LA FRANCE. CET HOMINIDÉ, QUI VIVAIT DANS DES CAVERNES, PORTAIT DES VÊTEMENTS, ORNAIT SON CORPS AVEC DES COQUILLAGES ET DES FRAGMENTS D'OS.

L'ASSEMBLAGE DES PEAUX
À partir de la corne, provenant généralement du renne, le *sapiens* moderne savait détacher de longs éclats effilés qui, travaillés, étaient transformés en aiguilles. Les peaux des animaux étaient tannées et lissées au moyen d'instruments, puis cousues pour confectionner des vêtements.

Les objets quotidiens de l'*Homo sapiens* moderne

Parmi les créations du *sapiens* moderne, il existe des objets qui ne sont pas directement liés à la chasse : ainsi, à côté des racloirs et des hameçons pour la pêche, on trouve divers modèles de flûtes et des lampes pour éclairer leurs abris.

Les campements des *sapiens* modernes

Les *sapiens* modernes, habiles chasseurs d'animaux de grande taille, ont appris à travailler les peaux de leurs proies, en particulier pour en faire des tentes où vivaient les différentes familles de la tribu.

L'HOMME À LA CONQUÊTE DU MONDE

Des traces très anciennes de *sapiens* ont été retrouvées un peu partout en Afrique, preuve de leur diffusion sur ce continent. Mais très vite commencèrent les mouvements de migration vers les autres contrées: d'abord le Moyen-Orient, puis l'Asie et enfin la Nouvelle-Guinée et l'Australie. Il y a 40 000 ans, profitant d'une période climatique plus favorable, les *sapiens* émigrèrent également vers l'Europe, tandis que d'autres populations de *sapiens*, entre – 40 000 et – 30 000 ans, rejoignirent la Mongolie, puis, de là, la Corée et le Japon; un autre groupe prit la route de la Sibérie orientale, puis, il y a 12 000 ans, se propagea vers le continent américain: à cette époque, l'homme avait conquis le monde entier.

LA COULEUR DE LA PEAU
La peau foncée des premiers hommes apparus en Afrique est la conséquence d'une adaptation nécessaire pour protéger le corps des rayons du soleil. En revanche, la peau claire est une adaptation à un environnement nordique où le soleil est moins intense: la peau doit laisser passer les rayons solaires qui permettent la production de vitamine D, indispensable pour lutter contre le rachitisme.

C'EST SA CAPACITÉ D'ADAPTATION QUI A PERMIS À L'HOMME DE SE RÉPANDRE DANS LE MONDE. EN EFFET, À LA DIFFÉRENCE DE LA PLUPART DES AUTRES ESPÈCES, IL A ÉTÉ CAPABLE DE S'ADAPTER À TOUTES SORTES DE MILIEUX, DES RÉGIONS FROIDES AUX RÉGIONS CHAUDES DE L'ÉQUATEUR, ET DES PLAINES AUX MONTAGNES.

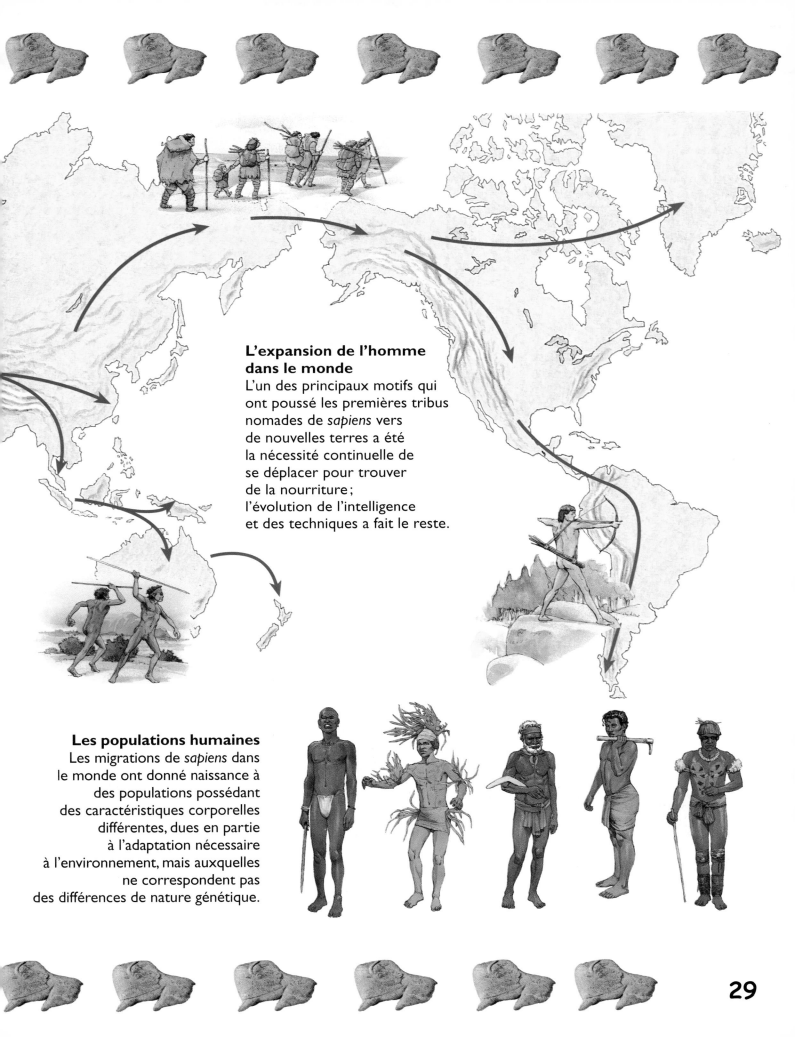

L'expansion de l'homme dans le monde

L'un des principaux motifs qui ont poussé les premières tribus nomades de *sapiens* vers de nouvelles terres a été la nécessité continuelle de se déplacer pour trouver de la nourriture ; l'évolution de l'intelligence et des techniques a fait le reste.

Les populations humaines

Les migrations de *sapiens* dans le monde ont donné naissance à des populations possédant des caractéristiques corporelles différentes, dues en partie à l'adaptation nécessaire à l'environnement, mais auxquelles ne correspondent pas des différences de nature génétique.

29

LE DÉVELOPPEMENT DU LANGAGE

Nous ne savons pas exactement à quel moment l'homme a commencé à parler avec ses semblables, mais le passage des sons gutturaux à un langage articulé a dû se faire d'une manière progressive. En effet, la capacité à former des mots demande un cerveau complexe et un appareil vocal développé, transformations qui se sont produites en l'espace de plusieurs millions d'années. D'après l'étude des fossiles des premiers hominidés et en les comparant avec les chimpanzés actuels, on peut dire que les australopithèques avaient un système de communication plus avancé que celui des singes d'aujourd'ui, mais il faut arriver à l'*Homo sapiens* moderne pour trouver un langage semblable au nôtre. Il est probable que même l'homme de Neandertal disposait d'un langage élaboré : les nombreuses traces de sa culture montrent l'existence d'une vie sociale très active, fondée sur une intense communication.

CERTAINS CHERCHEURS ESTIMENT QUE LES PLUS ANCIENS HOMINIDÉS, COMPTE TENU DE LA CONFORMATION DE LEUR APPAREIL VOCAL, POUVAIENT ÉMETTRE DES SONS FORTEMENT NASALISÉS, DIFFICILES À DÉCHIFFRER. C'EST POURQUOI LEUR ÉLOCUTION DEVAIT ÊTRE BEAUCOUP PLUS LENTE ET NETTEMENT MOINS ARTICULÉE QUE LA NÔTRE.

La naissance de la culture humaine
L'évolution de la parole a donné lieu aux premières formes de culture et de sociabilité typiquement humaine. Le développement du langage a non seulement renforcé les liens sociaux, mais il a également permis la transmission de l'expérience et des connaissances.

L'importance du langage pour la chasse

C'est sans doute à l'occasion des grandes battues de chasse que nos ancêtres ont largement enrichi leur langage : en effet, pour tuer des animaux de grande taille, il faut un nombre important de chasseurs capables de communiquer entre eux pour coordonner leurs actions.

L'APPAREIL VOCAL DE L'HOMME
Il est doté de muscles très précis qui permettent de moduler diversement la tension des cordes vocales ; ce système permet d'émettre une large gamme de sons sur laquelle se fonde notre langage. La vaste cavité du larynx contribue également à créer des sons variés en transformant les vibrations de l'air.

Les langues d'aujourd'hui

On parle actuellement sur la Terre environ 6 000 langues, la majeure partie d'entre elles n'étant connue que d'un nombre très réduit d'individus, appartenant à des communautés isolées ; la concurrence des grandes langues, essentiellement l'anglais, entraînera certainement leur disparition.

LA NAISSANCE DE L'ART

Les nombreuses expressions artistiques de l'*Homo sapiens* moderne témoignent de l'emploi de techniques précises. Les décorations représentant des animaux et des scènes de chasse découvertes sur les parois de cavernes font preuve d'une grande habileté pour reproduire les volumes et le mouvement. Le travail de l'os et de l'ivoire se traduisit par la fabrication d'instruments de musique et de petits objets décoratifs, tels que des perles et des boutons employés pour orner les vêtements et les bijoux. Certains instruments utilisés pour la chasse étaient ornés d'animaux gravés. L'apparition de l'art, peu après le passage de l'*Homo sapiens* à l'*Homo sapiens sapiens*, prouve qu'en relativement peu de temps il est parvenu à une maturité culturelle considérable.

LA MÉTHODE LA PLUS SIMPLE QU'UTILISAIENT LES PREMIERS HOMMES CONSISTAIT À SE SERVIR DE LEUR DOIGT POUR DESSINER DANS LA COUCHE MOLLE D'ARGILE QUI RECOUVRAIT LA PAROI ROCHEUSE DE LA CAVERNE. SOUVENT LE CONTOUR NATUREL DES ROCHERS ÉTAIT INCORPORÉ DANS LE DESSIN POUR REPRÉSENTER CERTAINS ÉLÉMENTS DES FIGURES OU POUR LES ACCENTUER.

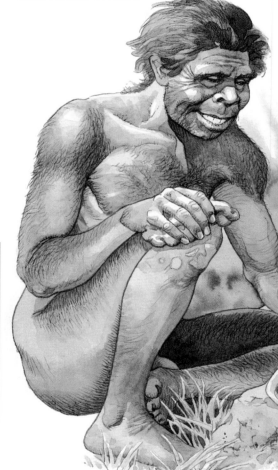

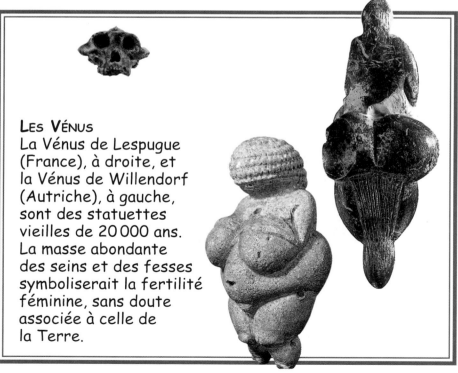

LES VÉNUS
La Vénus de Lespugue (France), à droite, et la Vénus de Willendorf (Autriche), à gauche, sont des statuettes vieilles de 20 000 ans. La masse abondante des seins et des fesses symboliserait la fertilité féminine, sans doute associée à celle de la Terre.

La grotte d'Altamira

Il y a environ 14000 ans, un «peintre préhistorique» a peint une série de bisons qui fut mise au jour en Espagne, dans la grotte d'Altamira. Le sens du mouvement imprimé aux figures et l'emploi de la couleur témoignent d'un sens pictural si raffiné que, pendant des années, on a même douté de l'authenticité de cette extraordinaire fresque préhistorique.

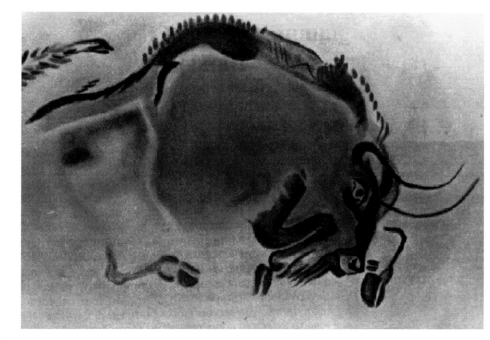

Le travail de l'argile

Au fur et à mesure que l'art se développait, l'*Homo sapiens* se mit aussi à travailler et à faire cuire l'argile pour confectionner des statuettes symboliques ; mais entre cette activité rituelle et la fabrication de vaisselle pour manger, la marge est encore très grande.

La grotte de Lascaux

Les figures d'animaux peints dans cette grotte du sud-ouest de la France il y a 18000 ans sont d'une telle ampleur qu'on suppose qu'elles ont nécessité des échafaudages. Cette hypothèse est confirmée par des traces de poutres.

LES PREMIÈRES CABANES
Les premières habitations construites par nos ancêtres étaient de simples cabanes faites de branchages ; elles étaient entourées d'une rangée de pierres et possédaient à l'intérieur un foyer pour le feu, ainsi qu'un petit espace faisant office d'atelier où les hommes taillaient les pierres.

PREMIÈRES HABITATIONS

Les restes, qui remontent à 400 000 ans, trouvés à Terra Amata, dans le sud de la France, ont permis de reconstituer la structure des habitations les plus anciennes. Au fur et à mesure de l'évolution de l'homme, les techniques de construction et les matériaux utilisés ont changé : apparaissent ainsi des pieux et des troncs d'arbre travaillés, et l'on s'est servi aussi de peaux et d'ossements d'animaux. Mais dans tous les cas il s'agit de campements de nomades. C'est seulement lorsque les *sapiens* modernes commencèrent à se sédentariser, il y a 10 000 ans, que les constructions devinrent plus élaborées, destinées à durer.

L'UN DES SIGNES CARACTÉRISTIQUES DE L'APPARITION DE LA CIVILISATION EST LA CONSTRUCTION DE STRUCTURES ARTIFICIELLES POUR Y VIVRE. EN EFFET, LES ARBRES ET LES CAVERNES, REFUGES DES PREMIERS HOMMES, ONT ÉTÉ PROGRESSIVEMENT ABANDONNÉS POUR UN HABITAT DE PLUS EN PLUS COMPLEXE.

Des maisons en ossements

Dans la République tchèque, on a retrouvé des vestiges d'habitations primitives d'un type très particulier : il s'agit en effet de cabanes construites avec plusieurs sortes d'os de mammouth.

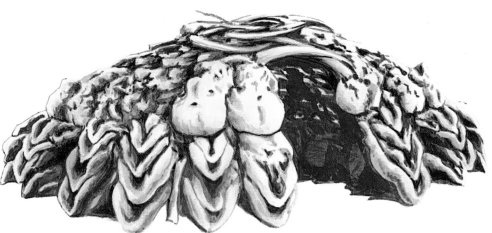

Les villages lacustres

Parmi les habitations les plus évoluées construites par nos ancêtres, il faut citer les villages lacustres, composés de vastes cabanes édifiées sur une base surélevée par rapport au sol grâce à une série de pilotis. Ces habitations construites directement dans des zones proches de l'eau avaient l'avantage de résister aux inondations lorsque les fleuves étaient en crue.

DE LA CUEILLETTE A L'AGRICULTURE

Le changement du mode de vie qui poussa nos ancêtres à devenir des agriculteurs fut certainement occasionné par l'apparition d'un climat plus chaud, qui se manifesta il y a 10 000 ans environ, à la fin de l'ère glaciaire. Ce changement climatique favorisa dans de nombreuses régions – le Moyen-Orient, l'Afrique équatoriale et le Sud-Est asiatique – le développement à grande échelle de plantes sauvages telles que le blé, le mil et l'orge. Les tribus de chasseurs et de cueilleurs eurent ainsi à leur disposition une quantité de nourriture suffisante pour les retenir sur place pendant une période assez longue et c'est ainsi qu'elles commencèrent à abandonner la vie nomade pour une vie plus sédentaire. Rapidement, grâce à leur habileté, nos ancêtres transformèrent ce qui était un don de la nature en une source de nourriture renouvelée : ainsi se développa l'agriculture, ressource principale de toutes les populations du monde jusqu'à la naissance de l'industrie.

Les premières cultures

Les plantes considérées comme les ancêtres des céréales étaient récoltées principalement par les femmes, tandis que les hommes se consacraient à la chasse. La pratique de la culture s'instaura lorsque l'homme comprit qu'en enterrant les grains des épis il obtenait de nouvelles pousses.

Le blé

Chaque année, une partie des grains récoltés était conservée pour le semis suivant. Avec le temps, les hommes apprirent à sélectionner les grains les plus gros, de meilleure qualité, pour les destiner aux récoltes futures. De cette façon on passa progressivement des espèces sauvages à des variétés de blé supérieures.

L'accroissement de la population

La vie sédentaire des premières communautés d'agriculteurs ainsi que l'accumulation des provisions, qui garantissaient la survie même pendant les mauvaises années, favorisèrent une augmentation rapide de la population mondiale. En l'espace de 8 000 ans, elle passa de quelques dizaines de millions d'individus à plus de 300 millions.

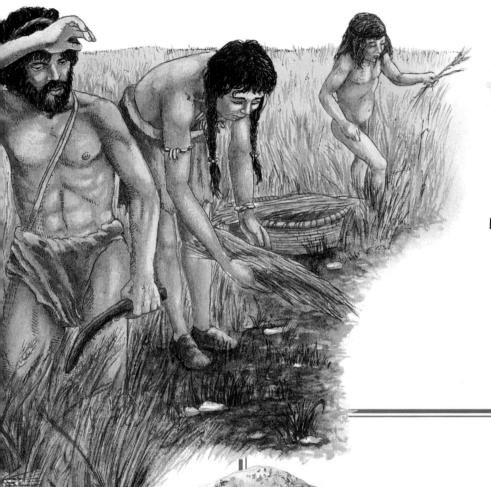

LA CULTURE DES PLANTES ET L'ÉLEVAGE DES ANIMAUX REPRÉSENTENT UN TOURNANT CAPITAL DANS L'HISTOIRE DE L'ÉVOLUTION DE L'HUMANITÉ, AU POINT QUE LES SCIENTIFIQUES UTILISENT L'EXPRESSION DE « RÉVOLUTION NÉOLITHIQUE » POUR DÉSIGNER CETTE PÉRIODE LONGUE DE PLUSIEURS MILLÉNAIRES ; ELLE FUT CARACTÉRISÉE PAR DES PROGRÈS CONTINUELS QUI MODIFIÈRENT RADICALEMENT LE MODE DE VIE DES HOMMES.

LES INSTRUMENTS AGRICOLES
Le développement de l'agriculture s'accompagna d'une évolution dans la fabrication des outils. On commença d'abord à fabriquer des pioches rudimentaires pour creuser le sol et pouvoir y semer ; par la suite apparurent les premiers mortiers pour écraser les grains et en faire de la farine.

L'ÉLEVAGE DES ANIMAUX

Il y a environ 15 000 ans, au Moyen-Orient, des tribus de chasseurs nomades commencèrent à apprivoiser des loups : ceux-ci furent les ancêtres des chiens d'aujourd'hui, les premiers animaux domestiques. Il est difficile de dire comment se produisit cette domestication : les tribus de chasseurs s'essayèrent sans doute à élever des louveteaux capturés dans les meutes qui les suivaient, puis, au fil du temps, ces animaux s'habituèrent à la présence de l'homme et ils perdirent leur caractère sauvage. Des herbivores comme le bœuf, la chèvre et le mouton furent domestiqués selon la même méthode. L'élevage des animaux alla de pair avec l'exploitation des ressources qu'ils offraient : c'est ainsi que commença le travail du cuir, avec lequel étaient confectionnés les harnais pour les chevaux, puis vinrent la fabrication de produits laitiers et la filature de la laine.

L'ACCROISSEMENT CONTINU DE LA POPULATION QUI CARACTÉRISE LE DÉBUT DE L'ÈRE NÉOLITHIQUE S'ACCOMPAGNA D'UNE EXPLOITATION TOUJOURS PLUS POUSSÉE DU BÉTAIL : C'EST AINSI QUE LES ANIMAUX DOMESTIQUES, APPRÉCIÉS D'ABORD POUR LEUR VIANDE, FURENT ENSUITE ÉLEVÉS POUR LEUR LAIT – UN ALIMENT D'UNE GRANDE VALEUR NUTRITIVE –, POUR LEUR LAINE, ET UTILISÉS COMME BÊTES DE SOMME.

Une aide pour la chasse
Les premiers loups domestiqués furent utilisés pour la chasse : ils étaient en effet capables de flairer la proie, de la débusquer et de la poursuivre même là où le chasseur ne pouvait pas aller, ce qui rendait la chasse beaucoup plus efficace.

Le chat et le cochon

Ces animaux commencèrent tous les deux
à être domestiqués au Moyen-Orient.
Le porc, élevé pour sa chair, est apparu
il y a 8 000 ans, tandis que le chat, dressé pour
protéger les cultures de céréales des rats et des
souris, apparut plus tard, il y a environ 5 000 ans.

L'élevage dans l'art

L'influence de l'élevage se décèle dans les thèmes
des peintures murales de l'époque : ces fresques
sont d'une importance extraordinaire, car, outre
leur valeur artistique inestimable, elles fournissent
des informations précieuses sur les premières
formes d'élevage.

L'ÉLEVAGE SÉLECTIF

Dans l'élevage comme dans l'agriculture, les hommes ont sélectionné, génération
après génération, les animaux possédant les caractéristiques les plus susceptibles
d'améliorer la race : cette technique, connue sous le nom d'élevage sélectif,
est encore pratiquée de nos jours.

Le tissage
Sur des métiers à main rudimentaires étaient tissés des fibres de lin, de chanvre et de jute, qui donnèrent les premières toiles brutes. On commença bientôt à utiliser des colorants naturels pour teindre aussi bien les fils que les tissus.

LA NAISSANCE DES MÉTIERS

La vie sédentaire des hommes dans les premiers villages fut à l'origine d'activités qui n'étaient plus liées exclusivement à la survie. Ces hommes commencèrent en effet à fabriquer les premiers récipients pour contenir et conserver les produits récoltés et les aliments. Ils découvrirent que les tiges de certaines plantes fournissaient des fibres dont ils pouvaient se servir pour faire du fil; c'est ainsi que naquirent les premiers tissus utilisés pour fabriquer les vêtements. La découverte des métaux permit la fabrication d'outils qui améliorèrent l'efficacité des travaux agricoles en permettant d'obtenir de meilleures récoltes et d'accroître la superficie des terres cultivées. Ces nouvelles activités artisanales rendirent plus confortables les conditions de vie des hommes de la période néolithique et créèrent les bases sur lesquelles, par la suite, se développa le commerce.

IL Y A 5 000 ANS QUE L'ON A COMMENCÉ À SE SERVIR DU MÉTAL POUR FABRIQUER DES D'OBJETS. LE CUIVRE, PREMIER MÉTAL EXTRAIT ET TRAVAILLÉ POUR OBTENIR DES LAMES ET DES OUTILS, SE MONTRA VITE TROP MOU POUR DE TELS INSTRUMENTS. C'EST POURQUOI IL FUT MÉLANGÉ À D'AUTRES MÉTAUX POUR FORMER DES ALLIAGES PLUS DURS ET PLUS RÉSISTANTS, COMME LE BRONZE.

Il y a 9 000 ans, le tressage des fils de paille et de jonc pour fabriquer des paniers fut l'une des premières activités artisanales développées par les tribus sédentaires. Avec les fibres brutes très résistantes, fournies par l'écorce qui recouvre la tige de plantes comme le chanvre et le jute, on fabriqua des cordes pour suspendre les paniers.

Les récipients en argile

L'une des premières techniques utilisées pour fabriquer des récipients consistait à préparer un boudin d'argile qui était enroulé sur lui-même de manière à créer une cavité. Il y a 9 000 ans, au Proche-Orient, après avoir découvert que l'argile durcissait à la chaleur du foyer, on commença à cuire ces récipients pour les rendre plus résistants.

L'extraction des métaux

L'extraction des métaux s'obtenait par fusion des roches dans des fours à haute température ; la flamme était attisée grâce à des soufflets rudimentaires faits avec des peaux d'animaux, qui étaient actionnés continuellement.

Le travail des métaux

Les premiers forgerons préparaient des moules en pierre dans lesquels ils coulaient le métal fondu. Ainsi, ils pouvaient fabriquer des épées, des lances, des lames et divers objets décoratifs. Les ustensiles cassés ou usés étaient fondus et forgés une nouvelle fois.

Index

L'ÉTUDE DE LA PRÉHISTOIRE

L'étude de la préhistoire de l'homme n'a commencé que dans la seconde moitié du XIXᵉ siècle. Des incertitudes et des controverses existent encore sur certains points, mais grâce aux efforts conjugués de nombreuses disciplines scientifiques, le puzzle commence à prendre forme.

LA PALÉONTOLOGIE HUMAINE

Cette discipline, connue également sous le nom de paléo-anthropologie, étudie les restes fossiles des espèces humaines préhistoriques ; elle a connu un grand développement à partir des années 1950. Louis et Mary Leakey, avec leurs campagnes de fouilles menées en Tanzanie et au Kenya, font partie des grands représentants de cette discipline.

LA RECHERCHE SUR LE TERRAIN

Les traces fossiles de nos ancêtres sont rares et incomplètes ; leur recherche ressemble à une chasse au trésor, où les capacités intellectuelles et la préparation scientifique vont de pair avec l'intuition, et où il faut aussi compter avec la chance.